8°R
8320
(I)

I0155114

Suppléments

à l'esprit

de la

Philosophie de Schopenhauer

par

G. de Spiegel.

Darmstadt & Leipzig.

Eduard Zernin.

1865.

Suppléments

à l'esprit

de la

Philosophie de Schopenhauer

par

G. de Spiegel.

109.963

~~~~~~~~~~~~~~~~~~~~~~~~~~~~~~~~~~

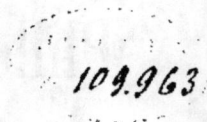

Darmstadt & Leipzic.

Edouard Zernin.

1865.

Imprimerie de VICTOR GROSS à Darmstadt.

Table des matières.

———

———

Supplément au monde comme phénomène.

On a bien longtems philosophé avant d'avoir découvert, que l'existe... du monde est quelque chose de problématique, et que qu... grand et vaste qu'il nous apparaisse son existence même, ne repose, que sur la conscience individuelle.

Le monde devient, par cette découverte, malgré toute la réalité impirique, quelque chose d'idéal, ou simplement un phénomène.

Le monde réel tel que je l'aperçois, n'est donc autre chose, qu'un produit de mon cerveau, et il y aurait une contradiction à vouloir admettre, qu'il existerait sans ce concours.

Il faut néanmoins distinguer entre une existence dont la condition est la perception, c'est à dire qui a sa place dans l'espace, est visible et agissante, et une existence non visible et n'ayant pas besoin de sujet.

Cette seconde existence qui n'a pas de place dans l'espace, ne peut être autre que la volonté, ou la chose en soi.

Le véritable idéalisme ne nie pas du tout la réalité empirique du monde, mais il tient au principe, que tout objet existe par le sujet, d'abord matériellement et puis par la forme; matériellement, parceque aucun objet n'est imaginable sans la perception du sujet, et par la forme, parce qu'il devient par là perceptible dans l'espace, dans la succession du tems et par la causalité, formes qui sont inhérentes au sujet et pour lesquelles il est prédisposé.

1

Le sujet sans ces formes de perception, et la matière
sans forme et sans qualité rendent donc tous deux chaque
perception impossible.

L'intellect et la matière paraissent ainsi comme des
corrélatifs; l'un n'est là, que pour l'autre, l'un n'est que le
reflet de l'autre, et tous les deux ont leur origine com-
mune dans la chose en soi, ou dans les phénomènes de la
volonté.

Les nerfs des sens prêtent aux objets la couleur, le
son, le goût, l'odeur, la température etc., tandis que le cerveau leur donne l'extension, la forme, la mobilité, enfin
tout ce qui est perceptible à l'aide de la succession du tems,
de l'espace et de la causalité. La participation des sens à
l'intuition est très peu de chose en comparaison de celle de
l'intellect; aussi la masse des nerfs qui reçoivent les impressions des sens, est considérablement moindre que celle
du reste du cerveau.

Il semble donc, que la raison joue un plus grand rôle
dans la perception, que les sens, et que les derniers ne nous
fournissent qu'une matière première, que la raison forme en
idées. Ainsi tout ce qui est hors de nous, n'existe que dans
l'espace, et l'espace même n'est qu'un produit de notre
cerveau.

Les objets de dehors n'existent donc qu'en apparence
hors de nous, tandis qu'ils se trouvent réellement en dedans de nos têtes.

Comme notre perception est essentiellement intellectuelle, l'aspect des objets, la perspective d'une belle contrée,
n'est qu'un phénomène de notre cerveau et leur perfection,
leur netteté ne dépendent pas seulement des objets eux-
mêmes, mais aussi de la qualité de notre cerveau, c'est à
dire de sa forme, de sa grandeur, de son activité, de l'énergie du pouls etc.

Par là s'explique, que malgré la plus parfaite harmonie des sens chez plusieurs hommes l'impression des objets sera toujours bien différente.

Les sens sont donc les avant-coureurs du cerveau, les fournisseurs de la matière première par la forme de la sensation, et ils se montrent plutôt passifs que actifs, si l'impression qu'ils reçoivent n'outre passe pas une certaine mesure.

Ils semblent appropriés aux quatre éléments et aux phénomènes des impondérables.

Le toucher répond à la terre ou à ce qui est stable; le goût à l'eau ou à ce qui est fluide; l'odorat à tout ce qui est vaporeux; l'ouïe à l'air ou à l'élasticité permanente, et la vue au feu, à la lumière, ou à tout ce qui est impondérable. La vue est un sens actif, et l'ouïe un sens passif. Les sens troublent fréquemment l'activité de notre esprit et ils le font d'autant plus, que l'esprit est plus élevé.

L'antithèse de l'ouïe et de la vue se manifeste aussi par ce fait, que le sourd-muet guéri par le galvanisme etc. s'effraye lorsqu'il entend le premier son, tandis que l'aveugle, opéré, est doucement ravi par les premiers rayons de la lumière et se refuse le bandeau qu'on veut lui mettre sur les yeux.

Nous trouvons dans la nature la vue la plus perfectionnée chez les animaux rapaces, afin qu'ils puissent découvrir de loin leur butin, tandis que les animaux persécutés sont plus doués du sens passif, c'est à dire de l'ouïe, pour pouvoir éviter les dangers qui les menacent de la part des persécuteurs.

Si la vue répond le plus à l'entendement, et l'ouïe le plus à la raison, on peut nommer l'odorat le sens de la mémoire; car il nous rappelle immédiatement l'impression spécifique du passé d'une chose ou d'une personne.

1*

Comme la succession du tems et comme l'espace ne sont que des produits de notre cerveau, aussi la perception des changements qui s'opèrent sous ces deux rapports doivent être de la même origine, et la loi de la causalité, qui fait que nous distinguons entre les causes et les effets, n'est donc rien moins que quelque chose d'inné en nous.

On pourrait dire, qu'il faut toujours de l'expérience pour apercevoir ces changements et que pour cette raison la faculté en question n'est qu'une faculté empirique; mais on doit répondre à cela: à quoi servirait l'expérience, si la faculté de distinguer diverses phases dans la succession du tems et dans l'espace ne nous était pas donnée primitivement? —

Cette connaissance, qui se manifeste en nous par ces trois modes: la succession du tems, l'espace et la causalité, cette connaissance, disons nous, est donc donnée à priori.

Si la vraie définition de la loi de la causalité est: que chaque changement a sa cause dans un autre changement qui a précédé immédiatement, il est clair, que nos connaissances à priori, qui ne s'étendent pas plus loin, qu'à ce qui est perceptible par la forme, ne peuvent donc pas s'appliquer à ce qui n'a pas de formes, ou se figurer une première cause; procédé qui serait aussi absurde, que de parler du commencement de la succession du tems, ou des limites de l'espace.

L'existence d'une chose ne donne donc aucunement le droit d'en reconnaître en définitif la cause. Nous pouvons tirer là dessus des conclusions à posteriori ou par l'expérience, mais ce procédé nous conduira toujours dans un cercle de conclusions sans issue.

La loi de la causalité n'est donc applicable qu'à la forme des choses; la forme, tout en faisant la diversité des choses, est soumise aux changements, tandis que la matière demeure, parce qu'elle est primitivement partout la même.

La loi en question a donc été créée avec le monde lui-même, elle lui est inhérente, elle existe par le monde et cesse d'être sans lui.

La soi-disante preuve cosmologique, qui essaye de conclure de l'existence du monde à sa non-existence, se montre comme quelque chose d'impossible.

L'homme, qui n'est qu'un éphémère dans ce monde, ne le considère aussi que d'après les fonctions de son cerveau et ne le juge que selon ces trois formes de réflexion qui lui sont innées, et c'est ainsi qu'il ne juge au fond, que les phénomènes qui sont propres à son cerveau.

L'essence de la matière et ¹ soi-disantes forces de la nature sont hors de sa perception; mais la première devient visible, dèsque les forces de la nature, qui ne sont autres que la volonté, transforment la matière en phénomènes.

Il y a des intelligences dénuées de raison. Nous les trouvons principalement chez les animaux. En eux se manifeste la perception, l'entendement, même quelquefois une cohérence directe des causes; mais ils ne peuvent ni réfléchir, ni se former des notions abstraites. Leur mémoire est moins parfaite, elle a toujours besoin pour entrer en fonction de l'intuition. Le chien reconnait par exemple les anciennes connaissances, il distingue entre l'ennemi et l'ami; il retrouve le chemin qu'il a déjà une fois fait; l'aspect de l'assiette ou du bâton le met dans une disposition convenable à la situation; puis vient encore le puissant motif de l'habitude; mais voilà aussi la seule base sur laquelle repose tout leur dressage. Chez les plus prudents parmi eux la mémoire intuitive monte quelquefois jusqu'à un certain dégré d'imagination, d'où viennent alors les phénomènes de leurs rêves.

Leur conscience ne consiste donc que dans un présent successif et leurs joies, comme leurs douleurs ne sont que le resultat du moment. Ce que peut offrir le passé ou l'avenir en agrémens ou désagrémens leur est épargné.

Leur intelligence est simple, elle ne repose que sur l'intuition, tandis que celle de l'homme étant double, en même tems intuitive et méditative ou pensante. C'est par cette dernière faculté, c'est à dire par la perception de la raison, que l'homme acquiert sa supériorité; car au moyen des notions il peut conserver en lui les images de l'intuition, qui sans elle s'effaceraient vite.

Par la réflexion, d'où sortent les notions, nous faisons abstraction de tout ce qui est inutile, nous distinguons entre l'essentiel et le non-essentiel, nous comparons et tirons enfin d'une matière riche et variée quelque chose de simple et dès lors applicable à l'ensemble; quelque chose de plus facile à garder dans la mémoire. Les moyens employés pour rendre les notions perceptibles sont le langage et l'écriture, et la clarté d'une notion n'exige pas seulement qu'on la puisse reduire à ses signes caractéristiques, mais aussi qu'on puisse analyser ces derniers, puis qu'ils sont eux-mêmes des abstractions, jusqu'à ce qu'on arrive à un objet de l'intuition.

Le rapport entre la perception intuitive et la perception abstraite est le même qu'entre une impression directe et une impression indirecte.

Expliquer des mots par des mots, comparer des notions avec des notions et en tirer, dans le cas le plus heureux, une conclusion, voilà ce qui ne peut pas nous faire acquérir de nouvelles connaissances; mais découvrir par l'intuition d'autres rapports entre les choses, en former des notions et les déposer dans notre mémoire, voilà ce qui élargit réellement notre savoir; car toute vérité et toute sagesse a sa raison dernière dans l'intuition.

Les livres ne peuvent pas compenser l'expérience, et l'érudition ne vaut pas le génie, car les premiers excluent la perception directe de l'objet, et la seconde la perception directe du sujet. Il résulte de là, que la véritable sagesse est quelque chose d'intuitif et non une chose abstraite, parceque cette dernière perception ne nous donne qu'une collection de règles et de principes, dont l'emploi dans un cas quelconque nous met par suite des circonstances adhérentes, très fréquemment dans l'embarras, tandis que la perception intuitive ne s'occupe que d'un fait isolé, d'un cas qui est présent et où le fait, la règle et son application marchent simultanément. Voilà ce qui a fait dire aussi à Monsieur Vauvenargue: „personne n'est sujet à plus de fautes, que ceux qui n'agissent que par réflexion."

Agir selon des notions peut produire du pédantisme, agir selon l'intuition peut causer des folies.

Le sage peut vivre dans tous les siècles, sans perdre de sa valeur; le mérite du savant n'est que relatif, il aura même besoin d'indulgence dans un tems future.

Entre l'intuition et la réflexion se trouve la faculté de juger, comme un chaînon de l'ensemble de notre intelligence. Cette faculté ne peut agir que là, où la perception intuitive est devenue une réalité, une expérience, en nous fournissant une matière saisissable pour l'abstraction.

Quand une fois la matière jugée, il s'agit d'en tirer des conclusions. Tirer des conclusions est facile, mais juger est très difficile, parce que cette dernière opération suppose la connaissance intime de tous les détails d'une chose ou d'un fait, et qu'on redescend de la conséquence d'un fait jusqu'à son origine.

La faculté de juger se manifeste aussi par les bons-mots et par la pénétration; elle est méditative dans le premier cas, et subsummante dans le second cas.

Ce qui constitue le ridicule repose de même sur l'antithése de la perception intuitive et de la perception abstraite. Ce que cause le rire c'est le rapprochement d'une notion

avec un fait ou une chose, où tous deux ne sont con-
gruents qu'en apparence et où, après la découverte de la
diversité réelle se produit l'hilarité. On peut ranger au
nombre de ces phénomènes, si l'on dit par exemple d'un
prédicateur qui fait endormir son auditoire par ses prônes
ennuyeux: c'est véritablement un bon pasteur, il veille pendant que les brebis dorment.

Ou si dans un théâtre le public demande quelque chose
de défendu, qu'il paraisse un homme de police sur la scène
en disant: „Ce qui n'est pas annoncé par l'affiche, n'est pas
permis au théâtre" et que quelqu'un lui réplique: „et vous
Monsieur, êtes vous aussi sur l'affiche?"

Quand on emploie à dessin pour quelque chose d'intuitif et de réel la notion du contraire, il en résulte l'ironie.

Par exemple si je dis, en parlant d'un voleur reconnu:
cet honnête homme.

Un autre genre de ridicule est la parodie. Elle consiste à remplacer de tristes événements et les paroles sé-
rieuses de personnes graves, par des gens de bas extractions
et par des motifs et des actions de très peu d'importance.

L'incongruence entre la perception et la pensée se
montre par là d'une manière bien frappante.

En général c'est toujours la perception qui a le dessus
sur la notion, ce qui vient de ce que la première est primitive et n'exige point d'effort pour saisir ce qui cause
l'hilarité et la satisfaction ou la réjouissance.

Le sérieux se manifeste par la conscience d'une parfaite harmonie entre la pensée et la réalité. C'est pourquoi nous nous trouvons si blessés quand nous parlons ou
agissons sérieusement et que les autres rient, car ce rire
nous accuse d'une incongruence entre la notion et la perception.

Par le mot plaisanterie on entend : tâcher de confondre
les notions d'un autre avec les réalités, pour produire une

dissemblance. S'il se cache derrière la plaisanterie quelque chose de sérieux, ou une vérité, il en resulte l'humeur.

Les paroles de Hamlet sont en grande partie dans ce genre; de même aussi beaucoup de ce que dit Heine dans ses ouvrages.

La logique, la dialectique et la rhétorique sont ensemble ce qu'on peut nommer la technique de la raison, cependant parceque leurs règles nous sont inhérentes par naissance, leur enseignement est de peu d'utilité.

Quant à la logique, on pourrait au moins réduire ses nombreuses lois à deux, c'est à dire à la loi qui exclut la troisième chose, et à celle de la raison suffisante; car le reste des lois données pour l'opération de la pensée, comme les lois de l'identité, de la contradiction, du jugement particulier et général, du jugement hypothétique et de disjonction sont contenues dans les deux lois ci-dessus nommés. Si un jugement répond à la loi de l'exclusion de la troissième chose, alors la chose même est imaginable, et si un jugement répond à la loi de la raison suffisante, il est vrai; vrai au moins logiquement ou formellement. Enfin, toute l'opération ne consiste, qu'à mettre, en un juste rapport l'idée abstraite avec l'intuition.

Nous jugeons, quand nous comparons deux notions et nous concluons, quand nous comparons deux jugements. La conclusion est une opération de la raison qui a pour but de nous faire voir clair dans une chose qui était jusqu' alors embrouillée et obscure, et de laquelle nous n'avions peut-être qu'un pressentiment. Qui a par exemple du sel, a aussi du chlore; mais il n'est pas tout à fait sûr, d'avoir du dernier, et ce n'est qu'après le procés chimique, qui a délivré le chlore du sel, qu'il le possède réellement.

Il est essentiel dans la comparaison de deux jugements, de comparer les notions disparates, et de se servir pour cette opération, comme moyen, des notions identiques contenues dans les deux jugements. Ce moyen, ou ce médium, a toujours sa place laissée vide par les notions à comparer, et ne reparaît que dans la conclusion même.

Si mes paroles changent l'opinion d'une autre personne, si elles s'emparent à un tel degré de ses sentiments qu'elles puissent l'entraîner vers mon but, je possède ce qu'on appelle la rhétorique. Elle est plutôt un don de la nature, qu'un produit de l'art. Il est de règle dans la rhétorique de faire toujours précéder les prémisses et de faire suivre la conclusion et de tenir la dernière aussi longtems que possible cachée et indécise, parceque dans le cas contraire l'adversaire niera ou attaquera les prémisses sur lesquelles repose la conclusion. Il est de plus prudent, de ne dire que des choses vraies et justes, parceque le faible des choses, moitié vraies ou seulement vraies en apparence, étant bientôt reconnu, procure à l'adversaire un triomphe et ôte la confiance dans le rhéteur. On doit donc recommander beaucoup une sage économie dans les argunents.

Selon ce que nous venons de dire, notre intelligence ne fonctionnera correctement, soit en théorie, soit en pratique, que dans les cas suivants: 1. si l'intuition est vraie et comdrend tous les détails; 2. si les notions, tirées de ces dates, sont justes; 3. si la comparaison de ces notions fournit un jugement solide et que la combinaison des jugements permette d'er tirer une conclusion valable. Une seule faute, une seule erreur dans le trois prémisses rend la conclusion fausse.

Une thèse, d'une certitude irréprochable, est un axiome. Il n'y a que les principes de la logique, puis les résultats des mathématiques et les lois de la causalité qui donnent des certitudes. Une thèse d'une certitude douteuse peut être changée en certitude complète au moyen de la preuve.

Une thèse qui ne repose que sur une perception directe, n'est qu'une assertion.

La perception à posteriori ne peut produire que des vérités isolées, mais elles peuvent, par des confirmations réitérées acquérir une validité générale, quoique toujours attaquable.

La validité absolue d'une thèse ne peut se produire que par la perception à priori.

Une preuve démontre trop, si elle s'étend sur des choses et des cas auxquels n'est pas applicable ce qu'on veut prouver. Une hypothèse correcte est l'expression vraie et parfaite des faits, saisis dans leur essence et leur cohérence par l'intuition.

La méthode analytique reduit quelque chose qu'on avance à un principe reconnu; la méthode synthétique déduit quelque chose d'un principe reconnu.

Comme aucun corps n'entre en mouvement sans cause, de même aucune pensée ne se produit dans notre conscience sans motif. Ce motif vient de l'extérieur par les sens, ou de l'intérieur par une autre pensée au moyen de l'association des idées. Cette dernière repose sur le rapport entre la cause et la conséquence, ou sur les similitudes et les analogies, ou sur des perceptions simultanées.

Le degré de l'intelligence se classe d'après ces trois cathégories, et se reflète ou dans le penseur profond, ou dans l'homme spirituel et poétique, ou dans l'esprit médiocre; tandisque une activité intellectuelle est indispensable pour toutes les trois cathégories. Cependant la réalisation de l'association des idées n'est pas aussi simple que la théorie; car nos connaissances peuvent être comparées à une eau de quelque profondeur, où les pensées claires nagent sur la surface, tandisque la masse, c'est à dire ce que les perceptions, les sentiments, et les expérience ont laissé en nous, est très embrouillé et peu claire, et se trouve toujours plus ou moins dans une sorte de mouvement.

Par une espèce de flux et de reflux de pensées dans la profondeur de notre intérieur, opération qui se fait à notre escient, il naît en nous des jugements, des conclusions et des idées qui nous surprennent souvent nous mêmes, et dont nous ne sommes pas en état de pouvoir rendre compte. La cause de cette agitation intérieure avec ses produits mystérieux, est sans doute la volonté, qui égoïste comme nous la connaissons, pousse sans cesse l'intelligence à s'orienter, à se procurer des connaissances, à s'assurer certaines vérités dans l'intérêt du vouloir individuel.

Il y a bon nombre d'imperfections inhérentes à notre esprit. Il ne peut d'abord apercevoir que successivement, et une chose à la fois, et pour saisir celle-ci entièrement, il faut même abandonner toutes les autres, de manière que de tout ce qui précède il ne reste que de faibles traces qui vont toujours en diminuant.

Puis vient encore la distraction, l'oubli et l'influence de nos désirs, choses qui toutes exercent un si grand empire sur notre intelligence, que ses produits ne lui présentent plus que de fragments ou une sorte de mosaïque.

Il ne peut pourtant pas échapper à notre attention, que toutes ces imperfections se montrent moins grandes dans le cas où notre volonté est en jeu, et que dans les jugements où le moi joue un rôle, la distraction et l'oubli sont moindres ou presque nuls. C'est donc la volonté seule qui peut produire la cohérence et l'unité possible dans les idées et en donnant même à ces pensées la couleur de sa disposition, elle devient par là ce qui est stable et invariable dans notre conscience.

L'homme raisonnable emprunte toujours sur l'avenir, tandisque l'étourdi ne vit que dans le présent. Le premier voit au moyen des notions de la raison l'ensemble de la vie et comme elle est changeante, et s'impose des sacrifices pour amoindrir par là les peines. Le second ne veut rien savoir des privations et s'expose par là en cas de revers à des tourments d'autant plus cuisants, qu'il est habitué à rien se refuser.

La règle de conduite du premier poussée à son extrémité, mène au cynisme et au stoicisme; les maximes du second ont appartenu principalement aux écoles de l'antiquité.

Le principe de la raison pratique dans les deux opinions opposées est au fond le même, c'est l'égoisme qui veut soulager la vie de l'une ou de l'autre manière.

La partie faible de tous les deux systèmes est la morale, car ils n'ont pour motif que l'intérêt personnel, l'un recommande l'abstinence et l'autre la jouissance pour rendre l'existence agréable.

De l'ascétisme, dont l'essence est l'humilité, il n'y a aucune trace ni dans le cynisme, ni dans le stoicisme; leur devise est l'orgueil et le mépris; leur doctrine est comme un régime hygiénique intellectuel pour endurcir le coeur contre le malheur, le danger, la perte, l'injustice, la méchanceté, la trahison et les folies, à peu près comme on endurcit le corps contre les influences du tems, des fatigues et d'autres incommodités.

Cependant alors même, que la conduite de la vie est déjà reglée de l'une ou de l'autre manière par la raison pratique, il reste toujours les soucis sur la possibilité de la nullité de tous nos efforts pendant la vie et sur ce que nous devenons après notre mort, et les doutes que nous avons à ce sujet font naître en nous le besoin de la metaphysique. C'est elle qui doit nous éclairer sur les phénomènes des choses et, s'il est possible, calmer les craintes de l'incertitude.

Il n'y a que deux sortes de confirmation dans la métaphysique, une intérieure et une extérieure; la première est la conviction, la seconde la foi. Pour acquérir la conviction, il faut beaucoup de culture, de reflexion, de jugement et de loisir, attributs qui n'appartiennent qu'au petit nombre des élus. Pour la masse il n'y a que la foi dont la confirmation est l'apocalypse, appuyée par ses présages et ses miracles.

La garantie de sa conservation est son enseignement dans la jeunesse, car ainsi la foi devient presque une seconde intelligence, un don de la nature.

Les doctrines de la conviction et de la foi ont cela seulement de commun que leurs systèmes se trouvent toujours dans un rapport ennemi avec les autres systèmes de la même espèce.

La métaphysique doit prouver ce qu'elle offre comme vérité; la foi accepte librement et sans critique.

Comme la foi guide aussi bien nos actions, que la conviction, et comme la première poursuit le même chemin que nous montre la vérité, nous voyons que les religions remplacent dans l'essence pour les masses la métaphysique et qu'elles deviennent comme elle l'étendard de l'honnêteté et des vertus, et la consolation des peines terrestres, en élevant l'homme au dessus de l'existence temporelle. Essayer de fonder une religion par des raisonnements, c'est changer une chose extérieure en une autre qui appartient à l'intérieur, c'est à dire changer son essence et l'exposer au scepticisme et à la critique de la pure raison.

La vraie distinction qui existe entre les différentes religions consiste dans le principe de l'optimisme et du pessimisme dont elles partent.

La religion chrétienne, avec l'aveu de notre condition misérable et pécheresse, aveu sur lequel aussi la métaphysique est d'accord, a triomphé du Iudaisme et du paganisme grec et romain, et la vérité de cet aveu, douloureusement senti, a fait enfin naître le besoin de la délivrance.

Si les religions tirent la croyance qu'elles ont sur le monde, sur la méchanceté, sur le mal, sur la mort et sur ce qui vient après elle, des inspirations et les expriment par des allégories, la métaphysique puise son savoir dans la perception réelle du monde et donne les explications là dessus en notions claires.

La philosophie est l'entendement juste, correcte et universel de la perception et de l'expérience, et son rapport avec la métaphysique est comme celui de la pensée avec la parole.

Le mot trouvé d'une énigme est juste, quand il est applicable à tous les détails de l'énigme. Nous avons, par la connaissance de nous même, l'occasion de reconnaître, que c'est essentiellement la volonté qui nous fait agir; il n'est pas justifiable d'accepter que l'homme soit, en comparaison des autres êtres et des autres choses du monde d'une toute autre nature; il ne l'est que par le dégré, et c'est pourquoi la volonté se montre comme le mot trouvé pour le problème de la chose en soi.

Supplément au chapitre: le monde comme volonté et de ses phénomènes.

Chaque perception est dans son essence une idée, et l'idée est la conscience d'une image. Il y a deux consciences; la connaissance de soi-même, et la connaissance des autres choses. On peut former de ces images des notions générales et en opérant avec sagesse, il en resulte la reflexion.

Toutes les notions ont pour base des idées intuitives et l'intuition est à cause de cela la connaissance primitive. Cependant ce que nous acquérons par l'intuition n'est pas la connaissance de la chose en soi, parceque la conception s'opère toujours d'après l'organisation individuelle, c'est à dire par l'effet, que produisent les choses sur nous dans la succession du tems et de l'espace, choses qui sont toutes des créations de l'individu. Toutes les choses qui nous entourent ne sont donc que des phénomènes, et ce que constitue l'essence des choses resterait éternellement un mystère pour nous, s'il ne se présentait pas par notre propre, existence un moyen de résoudre en partie ce problème. Nous ne sommes pas seulement des individus qui percoivent, mais aussi au nombre de ceux qui sont perçus et conséquemment la chose en soi elle-même, ou aussi bien objet que sujet. Par là s'ouvre un chemin pour nous rapprocher de l'essence intérieure des choses; car nous nous connaissons nous-mêmes, nous avons la conscience de notre propre volonté. Voilà la clé du problème, mais pour nous en servir avec succès, il faut tâcher de comprendre la nature par notre propre essence et non pas vouloir nous comprendre nous-même par la nature.

La perception, que la volonté qui nous anime, anime aussi toute la création, et que cette volonté est l'essence de tout ce qui existe et la chose en soi, n'épuise pourtant pas entièrement la question; car il reste encore à savoir: ce qu'est, et ce que signifie cette volonté générale en soi. Ce problème ne pourra jamais être résolu, parceque notre organisation ne nous permet de reconnaître que les phéno- mènes, mais non l'existence en soi. Ce qui est caché der- rière les phénomènes des choses est donc une existence mystérieuse; cependant elle n'est que relative, à cause des limites étroites de nos facultés.

La volonté, comme chose en soi, constitue l'essence intérieure et indestructible de l'homme, sans que cette vo- lonté ait pourtant la connaissance d'elle-même. Cette con- naissance n'est que le produit de notre intelligence et cette dernière est seulement un accessoir de notre être qui règle, pour le but de notre conservation tous les rapports qui sont hors de nous. Notre organisation même est la visibilité, le phénomène, ou l'image de la volonté individuelle qui se présente par des formes inhérentes pour reconnaître les choses, formes, qui sont l'espace, la succession du tems et la causalité. D'après ce que nous venons de dire l'organi- sation est quelque chose d'expansif et d'agissant: c'est le phénomène primitif, tandisque l'intelligence est le phéno- mène secondaire. La volonté est comme la chaleur et l'in- telligence comme la lumière.

À l'appui de ces thèses on peut dire:

1. que tout ce que constitue notre propre bien ou notre mal, notre plaisir ou notre déplaisir, comme nos ef- forts, nos désirs, nos repulsions, nos aversions, nos espéran-

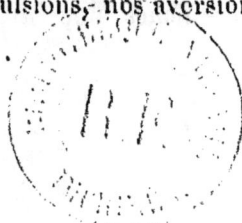

2

ces, nos craintes, notre amour, notre haine sont des ex-
citations de notre volonté, et tout cela devient phénomène,
dès qu'il se manifeste hors de nous. Dans tous les actes
de la perception, ce qui est perçu, doit être le primitif,
l'essence; mais non ce qui perçoit. Ainsi dans notre connaissance de nous-mêmes la volonté se présente la première
et ce que perçoit, l'intelligence, n'est que le second, le mi-
roir, quelque chose d'ajouté.

2. Si le vouloir n'était que le produit de la faculté de
perception, comment les animaux de la plus basse classe
même, doués de cette faculté à un degré si minime, pour-
raient-ils montrer une volonté si violente et quelquefois
même indomptable? — Dans l'homme la conscience de la
perception est pourtant exceptionnellement si forte, que la
partie secondaire domine complètement à certaines époques
la partie primaire. C'est cette manifestation qui marque le
génie.

3. Si nous parcourons en descendant les gradations
des animaux, nous trouvons que l'intelligence devient de
plus en plus faible; mais nous ne découvrons nullement un
affaiblissement de la volonté. Même dans les plus petits in-
sectes, nous rencontrons la volonté parfaite, comme un entier, égoïste et sans égards pour les autres êtres. Leurs
fonctions sont tout à fait simples, elles veulent ou elles ne
veulent pas.

L'intelligence au contraire se manifeste par rapport à
sa perfection en degrés inombrables et cela vient de ce
qu'elle est corporelle et dépendante des organes.

L'intelligence d'ailleurs ne connait nullement les déci-
sions que la volonté va prendre, elle ne fournit que les
motifs et n'apprend leur effet que plus tard. Tout parlant
par comparaison, la volonté est comme le fort aveugle qui
porte l'intelligence sur ses épaules comme paralysée, mais
jouissant de la vue.

4. L'esprit se fatigue, la volonté est infatigable et peut même forcer l'intelligence et le corps à s'astreindre outre mesure.

5. L'intelligence ne peut exécuter ses fonctions avec justesse et d'une manière précise, qu'aussi long tems, qu'il plait à la volonté de se taire et de rester en repos. Dès que la volonté devient active, le produit de l'intelligence est faussé, tandisque ni le silence, ni le repos de l'intelligence empêchent la volonté d'agir.

La frayeur, la colère, l'amour, la haine, le zèle, le désir sensuel, toutes ces affections de notre volonté, paralysent l'intelligence et elle ne peut se faire écouter que dans les cas rares d'une grande supériorité en comparaison d'une volonté modérée.

L'influence de l'intelligence se manifeste alors sous la dénomination de sang froid et de présence d'esprit. Il est donc juste de dire d'un homme irrité, qu'il s'emporte, car il est délivré de l'influence de l'intelligence; le seul moyen qui puisse lui mettre un frein.

De même, que les affections ci-dessus nommées mettent notre intelligence en suspens, ainsi agit aussi sur nous l'avantage ou le profit, et un exemple frappant du pouvoir secret de notre volonté sur l'intelligence, s'offre par là, que nous diminuons dans nos comptes, même sans être malhonnêtes, presque toujours notre debet, de manière, que nous sommes instinctivement plus disposés à calculer à notre profit, qu'à notre desavantage.

6. La persuasion est facile, quand on s'adresse à la volonté et qu'on la flatte; sans son secours les meilleures arguments donnés par l'intelligence restent presque toujours sans effet.

Voilà une nouvelle raison pour prouver la séparation des deux facultés, et que l'une est plus forte que l'autre.

7. L'intelligence est soumise au changement avec le

2*

tems; la volonté ne l'est presque pas. Le nouveau né est
encore privé de l'intelligence, elle ne se forme en lui, comme
le corps, que successivement et elle va s'affaiblir dans la
vieillesse.

La volonté ignore ces phases; le nourrisson même se
meut avec violence et crie contre tout ce qui est contraire
à ses désirs. Aussi les manifestations de la volonté restent-
elles les mêmes jusqu'à la vieillesse, sauf quelques légers
changements, soit en bien, soit en mal.

La pratique de la vie distingue essentiellement entre
la volonté et l'intelligence, en parlant d'un bon cœur et
d'une pauvre tête. On excuse partout et toujours la volonté
comme l'essence de l'homme, et pour l'absoudre les tribunaux accusent l'intelligence, comme trop faible ou dérangée.
Toutes les religions promettent des recompenses pour les
bonnes qualités de notre volonté; mais elles n'en ont pas
pour celles de intelligence. On admire les qualités brillantes
de l'esprit, tandisque ce n'est que le caractère qui acquiert
la confiance et l'attachement d'une manière durable.

8. Tout ce qui est matière est soumis à la transfor-
mation; nous nous renouvelons donc continuellement à l'exception de ce qui est caché derrière la matière. Ce que se
trouve là, ne change pas et est impérissable; c'est cette
chose qui constate seule l'identité de notre personne, et cette
chose c'est la volonté.

Des changements dans la substance du cerveau par
des blessures ou des chutes, rendent l'intelligence plus ou
moins imparfaite, tandisqu'on n'a jamais entendu dire que
par de tels malheurs le caractère d'un homme soit dépérit.
Spallanzani a coupé la tête à un limaçon et l'animal a con-
tinué à vivre et sa volonté ne s'est manifestée, que par des
mouvements irréguliers. Une poule qui à été privée par
Mons: Flourens du grand cerveau a encore vecu 10 mois
et a prospérée.

9. Qu'est-ce qui produit le petit poulet dans l'oeuf? Est-ce qu'il s'est introduit par la coquille à l'aide d'une puissance extérieure? — Oh non! Le petit poulet s'est formé lui-même, et la force qui exécute cet ouvrage compliqué et parfait casse aussi, dès qu'il est achevé, la coquille pour entrer en rapport avec le monde extérieur, et pour ce rapport, cette force, qui n'est autre chose que la volonté, a aussi déjà formée les instruments par le cerveau et par les sens, auxquels la volonté confie dès à présent une partie des soins pour la conservation de l'existence.

Il semble donc, que la volonté se manifeste primitivement par le sang, qui forme l'organisme aussi bien, qu'il le conserve. Le sang était à la fois chair et nerfs, mais dès l'instant que le muscle et le système capillaire s'en sont séparés aussi le nerf, et la chair ont pris des formes séparées. C'est comme un fluide primitif qui renferme toutes les parties de notre matière et ne prend la couleur rouge qu'après les séparations.

10. Tout ce que se produit sans l'intelligence, c'est à dire sans le concours de l'idée et uniquement par la nature ou la volonté, est infiniment mieux et plus parfait, que ce que se fait à l'aide de l'intelligence. On peut citer comme preuves: la procréation, le développement et la conservation de l'organisme, la guérison des blessures, la compensation des membres mutilés, les crises dans les maladies, les actes de l'instinct animal et les créations de l'instinct en général. Dans tous ces phénomènes la volonté agit sans la lumière de l'intelligence et les ouvrages de l'homme, comparés à ces produits, paraissent de vrais boussillages.

11. Comme la volonté se rend visible en général par ses phénomènes, nous devons aussi regarder toute notre organisation comme son oeuvre et reconnaître dans le pied la volonté de marcher, dans la main la volonté de saisir, dans l'estomac la volonté de digérer etc., et enfin dans le

cerveau la volonté de percevoir. Mais parceque toute la perception n'est que le phénomène de la volonté, l'intelligence sans la volonté n'aurait pas même de matière pour lui servir d'occupation. La mort qui anéantit toute la matière doit donc faire périr l'intelligence comme le produit de cette matière, admission à laquelle s'oppose cependant notre intérieur. Et cette opposition contre l'anéantissement en général est bien fondée ; mais il faut alors regarder l'intelligence comme l'accessoir, et la volonté comme la substance, et il se montre alors, que cette substance est comme le noyau, comme l'essence de notre être, et que d'elle part tout ce qui est réellement indestructible et impérissable.

12. La volonté se manifeste aussi dans la nature sans intelligence, sans les organes de la perception, sans la vie organique ; car dans tout corps non-organique, l'essence et le caractère sont la stabilité, et l'accessoir se trouve dans le changement des formes. Son existence est donc le repos. Dans tout ce qui a de l'organisation, soit avec ou sans intelligence, a lieu le contraire ; le changement continuel sans altérer la forme est la règle et le mouvement la loi ; car sans ces deux conditions elle cesse.

Puis la gravitation et la cohésion, ces deux désirs de réunion, qui partent de l'intérieur des corps, ne sont-ils pas ce qui est donné à notre volonté par la concience? Les variations du cours de la terre et de la lune, selon la position et l'influence du soleil, n'ont-elles pas d'analogie avec l'influence que produit le motif sur nos actions.

Le cuivre est avide de s'unir à l'acide, mais ce désir cesse par l'attouchement du cuivre avec le fer. Est-ce que cela n'a pas de ressemblance avec notre volonté qui abandonne une action, parceque un motif plus fort la détermine à en faire une autre ?

13. Les plus belles conceptions et créations de l'intelligence, sans l'exécution par la volonté, ne sont que des

théories auxquelles manque la pratique. De même la matière absolue, n'est pas perceptible pour l'intelligence; elle ne devient visible pour l'esprit que par la forme et c'est la volonté qui en est le créateur.

14. L'instinct qui pousse l'oiseau de passage à entreprendre son voyage lointain ou à construire son nid pour sa postérité, ou l'araignée à tendre sa toile dans un coin propice à son but, ou l'insecte à déposer ses oeufs dans un endroit où les larves trouvent dès qu'ils sortent de leurs enveloppes de quoi vivre, l'instinct, dis-je qui opère toutes ces merveilles, n'est pas un produit de l'intelligence individuelle, mais de quelque chose qui vient de l'intérieur et qui ne peut être que la volonté et qui n'agit néanmoins que très raisonnablement, sans que l'individu en aie connaissance. Nos fonctions végétatives, notre renouvellement continuel, l'effort de notre corps pour la guérison en cas de maladies ou de blessures, tout cela part donc sans doute du même principe, c'est à dire d'une volonté primitive qui veille à notre conservation et qui, pour atteindre d'autant plus sûrement son but, s'adjoint encore, en cas de nécessité l'intelligence.

Pour l'extérieur des phénomènes de la volonté, nous en avons la conscience; mais pour les opérations intérieures nous ne l'avons pas. Si nous ajoutons à cela que l'on rencontre l'amour très prononcé pour la vie dans chaque être organisé; que l'animal lutte contre la mort; que l'homme souffrant et exposé à la plus grande misère sans le moindre espoir d'amélioration, reste malgré cela toujours attaché à la vie, et enfin que les plantes mêmes font des efforts pour rester en contact avec tout ce que peut les sauver du dépérissement, nous avons peine à ne pas croire, que le mobile primitif de toute existence ne soit la volonté pour la vie.

Mais ce qui se manifeste dans l'individu et dans l'espèce, nous le remontrons aussi dans la nature. Tout semble poussé vers une certaine forme d'existence.

Le foin mis dans l'eau produit des infusoirs; la pourriture dans le règne végétal produit de la moisissure et des champignons, et des décompositions des corps animaux sortent encore des êtres d'un ordre plus élevé.

. Seulement il est à remarquer que dans la nature le soin pour la conservation des individus diminue, tandisque celui pour la conservation des espèces augmente. Les preuves en sont la violence de l'amour sexuel; le soin extrême que les êtres vivants ont pour la postérité, soin qui varie même selon le nombre des descendants qui sortent de l'acte de la génération. On prétend même avoir observé, que les femmes poitrinaires deviennent encore grosses dans la dernière phase de la maladie.

De toutes ces considérations il est permis de conclure, que la volonté pour la vie est le premier mobile dans l'univers, que c'est par elle que le monde a paru tel qu'il est, et que la perception qui n'a fait que suivre notre intelligence, reconnait en partie les causes dont sont résultées toutes les existences, mais elle ignore complètement le but, la cause finale.

Supplément à l'idée de Platon et de l'objet de l'art.

La beauté de la nature produit son effet récréant sur nous par la cohérence visibles des causes et des effets de tous les détails. Elle présente en notre cerveau un phéno-mène qui est le plus compliqué et le plus parfait en même tems, et l'harmonie, qui règne dans toutes les particu-larités met l'activité de notre intelligence dans un état nor-mal. Aristotèle a dit, qu'une belle musique épurait les sen-timents; en appliquant cet axiome à une belle vue, on peut dire que son aspect purifie l'esprit.

L'art véritable du jardinage par exemple consistera donc à deviner la volonté de la nature et à l'imiter de telle sorte dans les plantations et dans les arrangements, que l'ensemble fasse voir, aussi peu que possible, le travail de l'homme, ou que tout paraisse objectif et que rien ne tra-hisse le sujet.

Tous les beaux arts poursuivent au fond le même but que la philosophie: car ils tachent aussi qu'elle, de resoudre le problème de l'existence en nous la montrant par le lan-gage naïf et enfantin de l'intuition, tandisque la philoso-phie nous parle par des notions abstraites. Chaque tableau, chaque statue, chaque poésie, chaque scène de théâtre con-tient une réponse à la question adressée à l'essence intérieure de la vie; mais pourtant avec cette différence, que l'œuvre de l'art ne donne qu'un fragment, et que la philosophie présente l'entier.

Ce fragment s'adresse particulièrement à l'imagination et la condition de l'effet de tous les beaux arts consiste à mettre cette dernière en activité.

Chaque auteur doit laisser quelque chose à déviner au lecteur, s'il ne veut pas vérifier le bon mot de Voltaire, que „le secret d'être ennuyeux c'est de tout dire." Voilà aussi ce qui explique pourquoi les exquisses des peintres produisent fréquemment plus d'effet, que les tableaux soigneusement exécutés. Voilà aussi pour quoi l'aspect des figures de cire nous laisse froids sans le rapport esthétique; car elles offrent toutes, la forme et la couleur et rendent le travail de l'imagination inutile.

L'impression d'une oeuvre de l'art ne nous satisfait donc entièrement, que lorsqu'il laisse en nous quelque chose que nous ne pouvons pas, malgré toutes nos reflexions changer en une notion tout à fait claire.

L'artiste même ne peut s'en rendre compte entièrement, car s'il l'avait pu, il ne se serait pas servi du medium de l'art. Son but est de donner une idée selon le sens de Platon, ou selon Schopenhauer une gradation de la manifestation de la volonté, et pour la représenter il est guidé autant par l'impression qui a laissée en lui l'intuition de la nature, que par les inspirations de son imagination au moyen desquelles il forme un ensemble qui fait sentir ce qu'il a pensé et senti lui-même sur un objet quelconque.

Dans l'architecture — abstraction faite de toute utilité — l'artiste rend visible la volonté de la nature dans la plus basse gradation. La loi fondamental de cette gradation s'exprime par la pesanteur et le soutien. Dans le mur soutien et pesanteur sont entièrement confondus; car tout est là également soutien et pesanteur et il n'existe pas d'effet esthétique.

Dans le mur percé pour y établir des fenêtres et des portes on voit déjà dans l'entablement une séparation de la pesanteur et du soutien. Un plus haut degré de cette séparation nous est offert par la voûte et les piliers; mais elle ne devient complète que dans la colonne et les solives, où la première se montre uniquement comme soutien et les dernières entièrement comme pesanteur.

Le soutien doit être proportionné au poids qu'il a à porter, il doit fonctionner avec aisance et non épuiser sa force; mais le but esthétique serait également blessé, si nous voyions un soutien sans un poids conforme.

On donne ordinairement à chaque soutien la vingtième partie du poids qu'il pourrait porter. Un exemple d'un poids, sans soutien s'offre dans le balcon, qui semble suspendu en l'air et présente presque un aspect inquiétant.

Un toit élevé n'offre ni poids, ni soutien, car ses deux moitiés se soutiennent réciproquement et l'ensemble ne répond pas au poids qu'il devrait avoir d'après son étendue.

La forme la plus parfaite de soutien est la colonne. Puis vient le pilier qui a le plus grand nombre d'angles. D'après le principe fondamental de l'architecture, que le soutien et le poids doivent toujours se trouver en harmonie, la symétrie est subordonnée aux lois de la construction. Il suit de là par exemple, que les colonnes peuvent se rapprocher un peu aux angles d'un bâtiment, parcequ'elles ont là où les solives aboutissent et se réunissent le plus grand poids à supporter.

D'après le poids général qui doit être soutenu, on emploie la colonne dorique ou les deux autres genres de colonnes moins fortes. Les chapiteaux qui se trouvent au sommet des colonnes doivent montrer que les solives et les colonnes ne sont pas liées par des broches, et que les colonnes portent simplement le poids.

Il n'y a que les grandes masses qui puissent en architecture produire un effet esthétique, car ce n'est que par elles, que les lois de la nature sur la pesanteur et le soutien

deviennent visibles. Ce n'est qu'en grand, que l'harmonie
de cet antagonisme nous impressionne, ce qui fait que le
modèle dans ses minimes proportions nous laisse complètement froids.

Il est dans l'esprit de la nature d'éviter tout ce qui est
superflu et qui n'a point de but, et d'atteindre ce dernier
par le chemin le plus direct et le plus court. De cette simplicité résulte une légéreté qui est presque analogue à la
grâce et c'est cette simplicité que nous rencontrons dans
le styl antique de l'architecture. Là chaque pilier, chaque
colonne, chaque courbe, chaque solive, chaque ouverture se
présente d'une manière simple, nécessaire et presque naïve.

Le style gothique, d'origine sarrasine, introduit en Eu-
rope par les Goths, n'est pas entièrement dépourvu de
beauté; mais il manque de raison d'être, et ne rend pas
visible la volonté de la nature, c'est à dire la lutte entre
la pesanteur et le soutien. Si le style antique marque la
défense contre la pression du poids, le style gothique semble
se moquer de la dernière, et le soutien, ou la ligne verti-
cale, est prédominante de manière, qu'on ne voit, que des
courbes, des voûtes, des piliers énormes, des tours, des
tourelles et des pointes sans nombre. L'ensemble parait
comme un triomphe remporté sur la loi de la pesanteur et
il s'y reflète mystérieusement comme une sorte de sentiment
religieux.

Le but principal de la sculpture est, de représenter la
beauté et la grâce. La peinture s'efforce plutôt de donner
l'expression, la passion et le caractère. Partant de cette
thèse la première répond davantage à l'affirmation de la
volonté et la dernière à la négation. Par là s'explique, que
la sculpture appartient essentiellement à l'antiquité, et que
la peinture est plus une création du tems chrétien.

Il arrive que chez le véritable poëte, le peintre et le
sculpteure, la chose, qui alliée avec la volonté forme l'instinct

sexuel, se détache au moyen d'une intelligence prédominant sur la volonté, et qu'elle crée alors les phénomènes humains les plus parfaits.

Goethe exprime cette pensée par la bouche d'un artiste en ces mots:

„Je forme avec le sens des Dieux et avec la main humaine, ce que je puis et ce que je dois faire avec ma femme par l'instinct animal.“

Toute poésie se meut essentiellement entre l'affirmation et la négation de la volonté; car la chanson, l'epopée, les romances, par les sons plaintifs ou gaies qu'ils renferment, nous invitent à accepter la vie telle qu'elle est, ou à nous détourner des joies terrestres comme d'un néant.

La tragédie nous prêche par son triste dénouement la résignation complète, et le drame et la comédie, avec leur dénouement, heureux, bien que parsémes jusqu'à ce terme de revers et de peines, tous vaincus par la vertu ou la ruse basée sur l'honnêtété, nous montrent l'affirmation de la volonté à condition de respecter aussi celle d'autrui.

La musique n'est pas, comme les autres arts, phénomènaux; mais il existe entre elle et les phénomènes du monde un certain parallelisme. Les quatre voix de toute musique: la basse, le tenor, la haute-contre et le soprano répondent, comme cela a déjà été observé, aux quatre grandes gradations ou idées de la nature, le règne minéral, le règne végétal, le règne animal et l'homme. Ces rapports sont encore appuyés par la règle générale de la musique, que la basse doit toujours se tenir à une aussi grande distance des autres voix, que le monde inorganique l'est réellement des autres règnes.

Le grand effet que produit la musique sur nous consiste en ce qu'elle agit directement sur notre volonté et non au moyen des phénomènes. Les paroles ne sont pas nécessaires pour la comprendre, ce n'est qu'un accessoire pour l'esprit.

Une symphonie d'un grand compositeur par exemple
nous fait sentir, sans paroles, toutes les passions humaines
et tout ce qui peut mouvoir notre intérieur: la joie, la tris-
tesse, l'amour, la haine, la terreur, l'espoir, et tout cela
dans toutes les nuances; mais d'une manière abstraite, et
l'ensemble nous transporte comme au milieu d'un monde
d'êtres sans matière.

L'harmonie de la musique résulte de la coïncidence
de la vibration de tons, et là, où cette coïncidence manque,
se produit la dissonance. La coïncidence, comme rationelle,
plait à notre appréhension et devient par là un représen-
tant bien accueilli de notre volonté, tandisque la dissonance,
se manifestant comme irrationelle et comme l'opposé de cette
volonté, apparait comme un antagoniste. La première est
donc l'image de la satisfaction de la volonté, la second celle
du contraire. Cet antagonisme fait naître une espèce de
lutte continuelle dans la musique, qui se manifeste en une
action semblable à celle de gens qui se cherchent, se fuient
et se rencontrent enfin. Jeu, qui est représenté principalement par la mélodie du soprane, jeu par lequel la musique
prend en quelque sorte, des formes et devient pour l'intelligence ce que sont pour elle les autres beaux arts, c'est
à dire quelque chose par où l'intelligence est à tel point
absorbée, que nous nous détachons plus ou moins de notre
propre volonté.

Ces formes de l'imagination ont fait, qu'on a dit de la
musique qu'elle ressemblait à une architecture gelée, bon
mot qui a pour premier auteur Goethe, lequel nomme l'architecture une musique engourdie, en ajoutant, que les sen-
timents qu'inspirait la première se rapprochaient dans leur
effet de ceux que produit la musique. On sait à présent
en vérité, qu'elle produit des figures symétriques sur de la
poudre fine mise en rapport avec un instrument.

La mélodie se compose de deux éléments: le rhythme et l'harmonie. Le premier est plus essentiel que la dernière; car le tambour seul peut déjà produire une espèce de mélodie; mais toutefois pour que la dernière soit parfaite, il faut aussi de l'harmonie. L'harmonie a le ton fondamental pour base et le rhythme le tact.

L'essence de la mélodie est de s'éloigner par de plus ou moins grands détours du ton fondamental jusqu'à un ton harmonieux, et de retourner alors par le même chemin au ton fondamental; mais tout cela en observant un certain tact de prédilection.

De ce jeu résulte une sorte de brouillerie et de réconciliation continuelle et dans cette image se réflechit la naissance de desirs, les obstacles qu'ils rencontrent pour leur satisfaction et enfin leur accomplissement. Et voilà ce qui est aussi l'essence de la volonté; sous diverses formes elle se reduit à deux phénomènes fondamentaux: le mécontentement et la satisfaction.

Quant à la valeur de l'histoire, Schopenhauer dit: qu'elle est pour le genre humain, ce qu'est la raison pour l'individu. C'est par elle que l'homme reconnait le passé et peut tirer des conclusions pour l'avenir.

Un peuple acquiert par l'histoire la connaissance de lui-même, et c'est par là qu'elle devient en quelque sorte une affaire personnelle du genre humain. Ce que le langage est pour l'individu, les écritures et les monuments le sont pour l'humanité. Il faut ajouter outre cela, que dans l'histoire considérée philosophiquement, se reflechit en grand, et dans les masses ce que se passe continuellement dans l'individu, c'est à dire, la lutte entre la volonté et l'intelligence.

Les époques où il y a trève entre ces deux puissances, où l'intelligence est écoutée et suivie, où elle gagne même périodiquement le dessus, ces époques sont marquées dans l'histoire par des progrès dans les sciences et dans les arts, par la douceur des mœurs, par une plus grande humanité en général, et nous voyons dans les masses ce que nous présente l'individu qui affirme d'une manière juste la volonté, ou la vie plus ou moins. Mais de même, que l'individu, quoique doué de raison, échappe à son influence quand il est sous l'empire des passions, ou d'une volonté aveugle, de même aussi les hommes ne tirent aucun profit de l'histoire, parceque là, où les exemples qu'elle donne devraient fixer la conduite, l'intelligence est comme en suspens, les yeux sont éblouis et la volonté égoïste règne en souveraine.

L'histoire est donc en quelque façon une biographie de la race humaine, et aussi long tems que celle-ci reste douée des mêmes qualités, l'essence de ce qu'elle raconte sera toujours la même, et il n'y aura variation, que dans les formes, les noms et les dates.

Si la matière de l'art est l'idée, — la gradition — celle de la science est la notion, et l'histoire n'a pour matière que les faits. Si l'art et la science ont le principe, la règle, le système; l'histoire n'a pour tout cela, que les jeux du hasard.

Supplément à l'affirmation et à la négation de la volonté.

Nous avons vu, en parlant des arts, que l'intelligence peut se soustraire périodiquement au servage de la volonté, et que c'étaient là des moments heureux. La cause vient de ce que l'intelligence possède aussi le pouvoir outrepasser ses fonctions ordinaires et de voir les choses sans cohérence et sans relation avec son propre individu.

L'intelligence ainsi libre et indépendante reconnait alors les idées selon Platon — ou les gradations selon Schopenhauer — c'est à dire l'essence de ce qui produit les phénomènes. Ces idées semblent être éternelles, ou au moins d'une durée infinie, puisque la tendance de la conservation dans toutes les parties d'une gradation, dans le genre, dans les espèces et dans les individus, est si fortement prononcée par l'instinct de la propagation.

L'intelligence et les autres dons de la nature sont distribués avec plus ou moins de largesse dans toutes ces divisions et sousdivisions, tandis que l'instinct sexuel — ou l'affirmation de la vie ou de la volonté — est repandu partout avec une force égale. Et cet instinct, ainsi que la sollicitude pour la postérité, est outre cela exercé avec une violence, avec une ardeur, avec une ténacité et avec un si grand sérieux, que rien ne peut y résister, et en cas de conflit même, aucun motif supérieur n'est sûr d'en triompher.

3

34

Cette manière d'agir que nous rencontrons aussi bien dans l'individu, que dans les espèces et les genres, doit donc partir de quelque chose de primitif, puisqu'elle est si généralement et si également repandue, et cette chose c'est la volonté pour la vie, qui préside à chaque idée, ou à chaque gradation.

Tous les individus travaillent comme par enchantement dans l'instinct de cette volonté, et ils font cela, moitié à leur insu, moitié avec conscience, mais tous avec la même ardeur. Les individus ne sont donc que des fonctionnaires de la volonté generale, qui veut voir assurée la conservation de la gradation.

Ces considérations mènent à la métaphysique de l'amour sexuel, amour qui selon Schopenhauer n'a pas été encore traité philosophiquement. Il y a même, dit-il, des écrivains tels que Lichtenberg et la Rochefoucauld, qui nient cette passion, en disant, qu'il en est de l'amour passionné comme des spectres, tout le monde en parle; mais personne n'en a encore vu. Cependant il y a des faits qui constatent indubitablement, que l'amour comme passion n'existe pas seulement dans les romans, mais aussi dans la réalité. Les preuves s'en trouvent dans les procès-verbaux de la police et des tribunaux, dans les maisons de fous et dans les suicides que nous rapportent assez souvent les écrivains des gazettes. Nous avons outre cela, quoiqu'à un moindre dégrè, presque toujours cette passion sous les yeux et quelquefois même aussi dans le coeur.

Donc, elle existe et elle égale en force et en puissance même l'amour pour la vie qui est inhérent à l'individu. Les motifs de la nature doivent donc être graves pour nous avoir implanté cette passion. La raison en est sans doute la volonté pour la vie, principe qui se manifeste partout et qui doit assurer, sous la forme de l'amour sexuel, la propagation de la race.

Sous quelque forme éthique, sublime, tendre, senti-
mentale que se montre l'amour, il aura toujours pour base
l'instinct sexuel, car l'essence de l'amour n'est pas même
l'amour réciproque, mais la jouissance et la possession de
l'objet aimé, d'où vient, que les amoureux qui ne peuvent
pas obtenir de l'amour en échange de l'objet adoré se
contentent de l'amour physique et deviennent calmes après.
L'union pour la propagation est le but inconnu des acteurs
et tout ce qui entoure ce roman ce ne sont que des acces-
soires. Nous ne sommes, pour ainsi dire, qu'une espèce de
marionettes, dirigées par une volonté supérieure pour un
certain but. Pour que le sujet ne se révolte pas contre
cette duperie, la volonté générale tire profit de l'égoïsme,
inné à tous les individus, et dont la force est si grande,
qu'on peut toujours y compter avec sûreté. Elle lui offre
l'amour sexuel non seulement comme une jouissance, mais
le résultat de cet amour même comme un bien et le pousse
ainsi par une sorte d'instinct — quelque chose qu'on rencontre aussi chez le nouveau né, qui cherche et trouve le
sein maternel — vers son intention.

Qu'on observe l'homme qui veut satisfaire son amour
sexuel d'une manière loyale comme il cherche ardemment
à trouver un individu convenable; comme il sacrifie quelquefois une existence heureuse pour atteindre ce but; comme
il agit dans ces circonstances souvent contre toute raison;
comme il s'expose dans le commerce de l'amour à se ruiner
et à perdre sa vie et son honneur; comme l'homme sage
réfléchit sur tout avant de faire un choix et comme il prend
même déjà des soins pour la postérité.

Puis qu'on regarde l'activité et les précautions des animaux dans les mêmes circonstances: comme ils sont parés
de leur plus beau costume en poils ou en plumage, comme
les oiseaux font entendre leur plus magnifiques chants;
comme ils courent mille risques pour arriver à leur fin;

3*

comme ils se livrent des batailles; comme ils construirent
des nids, comme d'autres animaux cherchent les fleurs, les
fruits etc. qui sont particulièrement propre pour nourrir les
larves là, où ils déposent leurs oeufs.

Qu'on compare cette manière d'agir entre l'homme et
l'animal et on ne pourra nier la ressemblance qui résulte
du même principe, c'est à dire de l'instinct, ou de la volonté de la nature pour la vie. Une seule différence se
manifeste, c'est que l'instinct se trouve très prononcé dans
l'animal et très caché dans l'homme, différence qui vient
de ce que le système cérébrale est très faible et le système
végétal très fort dans l'animal.

La femme semble posséder un instinct de plus que
l'homme. Il se manifeste quand elle est enceinte par son
appétit capricieux. Il semble alors que l'embryon, mécon-
tent de la composition du sang, demande d'y remédier et
c'est ainsi que la mère ressent un ardent désir pour des
plats particuliers afin de remédier au mal.

La propagation de la race et des espèces ainsi assurée
par la nature dans l'instinct de l'amour sexuel, voyons
maintenant ce qu'elle a fait et ce qu'elle fait encore pour
conserver la pureté du type.

Elle nous a donné d'abord l'attrait pour la jeunesse,
car c'est elle qui offre même sans la beauté toujours un
charme, tandis que la beauté sans la jeunesse nous laisse
presque indifférent. La même inclination a lieu sous le
rapport de la santé. Des maladies violentes, comme pas-
sagères, n'exercent aucune influence sur notre goût; mais
les maladies chroniques, comme héréditaires, nous ré-
pugnent.

Puis viennent les égards pour la charpente, parce que
par elle se manifeste surtout le type de la race. Ses défauts
ne peuvent être compensés par le plus beau visage. De
belles mains et de jolis pieds charment particulièrement

comme parties caractéristiques du type de l'homme. A cela
se joignent enfin en dernière ligne les égards pour la beauté
des formes de la chair et ceux pour la beauté du visage;
mais ces deux égards ne sont que très secondaires et il
n'y a qu'un trop grand embonpoint, ou une véritable obé-
sité qui repugnent, parce que tous deux promettent peu
pour la propagation. Voyons encore si la nature poursuit
aussi le même principe sous le rapport psychologique. En
général c'est une chose innée que de trouver beau et attrayant
dans les autres, ce que nous manque en nous-même. Les
femmes aiment de préférence dans l'homme la fermeté, la
force de la volonté, le courage, peut être aussi l'honnêteté
et la bonté du coeur, tandis que les qualités spirituelles les
laissent presque indifférentes. Cela semble venir de ce que
l'intelligence s'hérite de la mère et le caractère du père.
Nous voyons souvent des hommes laids, bornés et rudes
préférés par elles aux hommes bienfaits, spirituels, civilisés
et aimables. L'homme se trouve attiré presqu'en tout cela
par le contraire de la femme.

Ainsi l'homme le plus mâle, dont le choix est tout à
fait indépendant, prendra la femme la plus femelle et *vice
versa*, et toutes ces sympathies et antipathies, dont nous
ne pouvons pas nous rendre compte, n'ont d'autre but, que
de remplir la volonté de la nature pour que la race ne
dégénère pas.

La pédérastie, cet instinct de l'amour sexuel égaré,
vient peut-être de la même source, c'est à dire d'une loi
de la nature. Si cette aberration ne se montrait que rare-
ment, d'une manière isolée et exceptionnelle, on pourrait
bien la juger comme n'ayant point de but. Mais elle est
très répandue, elle a existé dans tous les tems, elle règne
partout, se pratique par des populations entières. Elle a
existé et a été presque reconnue chez les Grecs et les Ro-
mains, chez les habitans de l'île de Crète, chez les Gaulois,

chez les Hindous et les Chinois et chez les Juifs. Plus tard
par la sévérité des lois contre elle, elle a dû se réfugier
dans le mystère, mais toujours sans discontinuer. Puis il
est curieux qu'elle se pratique principalement à deux âges
de l'homme, dans la jeunesse, qui n'est pas encore mûre,
et dans l'âge qui a passé la maturité, deux époques de la
vie où l'homme est peu propre à produire par l'acte de la
génération une postérité forte et saine; cependant deux
époques où l'amour sexuel est fréquemment très violent.
De deux maux, il faut choisir le moindre, et pour sauver
la race, la nature conduit l'instinct de l'individu en une
aberration, qui rend l'homme indifférent pour la femme.

On philosopherait, selon Mr. Schopenhauer, peu sans
la mort. L'animal vit sans la connaître réellement. L'homme
en reconnait la terrible certitude par l'entendement qui lui
est donné. Mais dans la nature chaque poison a son contre
poison et c'est l'entendement même qui peut nous consoler
sur la mort. Tout ce qu'on a enseigné sur la mort varie
beaucoup; car tandis que quelques-uns y voient un anéantissement absolu, d'autres croient à une immortalité qui
doit ménager la peau et les poils même.

Nous rencontrons la crainte de la mort dans tous les
êtres vivants et même dans les animaux. C'est donc une
loi de la nature, une loi qui est inhérente *a priori*. Elle
résulte de la volonté générale pour la vie, qui se manifeste
par tout et dont la mort en est le contraste.

En opposition à l'importance que les êtres vivants at-
tachent à la vie, la nature montre la plus grande indifférence pour les existences individuelles et elle manifeste cela
en les exposant continuellement à des hasards et à des
dangers sans leurs envoyer de secours au moment du péril,
et sans même les en sauver. La nature ne partage donc
pas les soucis de l'individu sur la perte de l'existence et la
crainte de la mort ne vient peut-être que d'une fausse idée.

Kant nous a convaincus en partie de notre erreur, en nous enseignant, que nous ne connaissons pas l'essence des choses, mais seulement les phénomènes et que toutes nos conceptions sont préformées par notre organisation. La mort est donc un terme temporel d'un phénomène temporel; mais dès que nous ôtons le tems, il n'y a plus de fin et le mot terrible a tout à fait perdu son importance et sa signification. Ainsi ce que nous appelons la fin ou la mort, n'est qu'une métamorphose dans la nature.

Commencer, finir et continuer ne sont que des notions empruntées au tems, mais le tems n'existe que pour et par nous, il n'a, en aucune façon, d'existence absolue, ni de réalité, il n'est pas autre chose qu'une notion de notre intellect.

Cependant si nous admettons même la mort de l'individu, elle ne pourra jamais anéantir plus, que ce qui a été produit par la naissance, mais certainement pas la chose qui a rendu possible la naissance elle-même, et c'est, selon Schopenhauer, la volonté. Le corps n'est que son oeuvre, l'intellect est l'oeuvre du corps; la connaissance de nous-même, tout notre savoir, toutes les conceptions phénoménales sont les oeuvres de l'intellect, et tout cela, hors la volonté, est périssable. La philosophie de Schopenhauer diffère en ce point de toutes les autres philosophies, parceque celles-ci regardent l'intellect comme la chose indestructible.

Selon lui, la volonté est la condition de toute existence; c'est le noyau de tous les phénomènes, elle est indépendante de toutes les formes parmi lesquelles il faut aussi compter le tems. La mort anéantit ce que nous appelons la connaissance de nous-même, mais non ce qui a créé cette connaissance; la vie s'éteint, mais non le principe de la vie.

De ce principe vient aussi sans doute le sentiment qui nous fait pressentir notre indestructabilité. De là résultent peut-être aussi les souvenirs frais et vifs des tems les plus reculés, et qui vont même jusqu'à notre première jeunesse, comme quelque chose qui persévère inébranlablement, malgré le tems. Puis comme preuve, que la volonté est l'essence première il faut encore regarder l'acte de la génération. Ce n'est pas l'intelligence, mais la volonté, cette volonté qui cherche quelque fois à tout prix la satisfaction et qu'on appelle la volupté, qui nous appelle à la vie.

L'intelligence se trouve dans l'artificiel, dans le magnifique, dans le magnanime et dans le supérieur arrangement de la matière dans l'objet périssable, qui est vivifié par la volonté. Pour donner la vie, ces deux choses s'allient et s'unissent et se séparent par la mort pour entrer dans de nouvelles alliances.

La volonté, comme l'essence de notre existence, est toute simple, elle veut seulement, sans se soucier de l'entendement; l'intelligence se présente comme son guide et son gardien, et de l'habitude de ces deux substances d'être ensemble et de se rendre mutuellement des services, résulte peut-être aussi une partie de la crainte d'une séparation.

Nous sommes par nos considérations successivement arrivés à une espèce de Métempsycose; mais celle de Mr. Schopenhauer diffère des autres en ce point, c'est que ce n'est pas l'être entier qui passe dans un autre, mais seulement la volonté séparée de la matière qui cherche une autre matière.

La doctrine de la Métempsycose a existé dès les tems les plus reculés; elle existe encore chez la grande majorité de la race humaine, elle se trouve dans tous les philosophèmes et dans toutes les religions, excepté seulement dans le Iudaïsme et les deux autres religions, auxquelles il a donné naissance. Le chrétien se console par le revoir dans l'autre monde, où l'on doit se retrouver en personne et se reconnaître; tandis que les croyants des autres religions se rencontrent aussi, mais toujours sans se connaître.

Cependant après tout, la Métempsycose se manifeste comme une conviction primitive et naturelle à l'homme, qui se trouve seulement altérée là, où d'autres doctrines religieuses ont pris racine.

De l'hérédité des qualités.

On n'a jamais eu de doutes sur ce point, que l'acte de la génération produit des individus de la même espèce; on a aussi généralement affirmé, que les qualités spirituelles et intérieures des parents passent aux enfants. Mais il est plus difficile de reconnaître ce qui procède en cette occasion du père et de la mère. Sans consulter même l'expérience là dessus, on peut avec quelque probabilité admettre en théorie que la volonté s'hérite du père et l'intelligence de la mère; car l'acte de la génération exige sans doute plus de volonté de la part du mâle, que de la part de la femelle, ce que prouve le viol, qui est possible par la volonté de l'homme, mais non par celle de la femme. La femme ne sert dans l'acte de l'amour que comme matière et l'intelligence comme partie de la matière s'hérite principalement d'elle. Dans cet acte l'homme est, outre cela, actif, la femme passive; le premier donne, la seconde reçoit; être actif et donner répond à la volonté, tandis que être passif et recevoir tend plutôt à l'intelligence. Mais cette théorie, que la volonté, c'est à dire le caractère, les penchants et le cœur viennent du père, est encore plus appuyée par l'expérience. Les exemples tirés de l'histoire ont l'avantage d'être plus connus, que ceux de la vie particulière. Commençons donc par ceux-ci. L'ancienne histoire romaine nous montre des familles entières où tous les membres se distinguaient également par l'amour de la patrie et par la bravoure, comme tels que les Fabius et les Fabricius. La race des Claudius s'est propagée pendant six cent ans à Rome et les hommes, jusqu'à Tibère, Caligula et Néron étaient tous des gens très actifs, très insolents et très cruels. La famille des Annibal a fourni toute une série de héros.

Isabelle, épouse d'Edouard II d'Angleterre, était la fille de Philippe IV de France, qui fit torturer et exécuter d'une manière si cruelle les templiers, et Isabelle a montré le même caractère que son père par sa conduite envers son mari.

La reine Elisabeth d'Angleterre était la fille de Henri VIII et d'Anne Boylen. La mère possédait une haute intelligence, le père était un tyran, qui avait véritablement la soif du sang.

Ce caractère se trouva un peu dans sa fille, dompté pourtant par l'intelligence qu'elle avait hérité de sa mère; mais la volonté du père transpira dans plusieurs de ses actions.

Cependent nous voyons aussi ci et là l'opposé de ces phénomènes. L'excellent Marc Aurèle eût pour fils le détestable Commode, mais nous savons aussi que la femme de Marc Aurèle, la Faustine, était ce qu'on appelle *uxor infamis*, et ici s'applique ce proverbe: „*pater semper incertus.*"

Si le caractère des enfants est très différent de celui du père et qu'aussi l'extérieur, le physique des enfants montre peu de ressemblance, la présomption de l'adultère est plus ou moins fondée.

La thèse, que l'intellect s'hérite de la mère, se trouve déjà soutenue par le proverbe, qui, en parlant d'un enfant qui montre de l'esprit naturel, dit: „il a Mutterwitz", c'est à dire du bon sens, qui lui vient de la mère, tandis qu'on ne rencontre presque jamais les qualités spirituelles du père dans les enfants.

L'hérédité intellectuelle des mères se manifesterait encore davantage, si les femmes occupaient des emplois publics, car alors leurs qualités spirituelles pourraient transpirer davantage dans le monde. Mais citons quelques exemples qui parlent en faveur du principe en question. Joseph II, empereur d'Autriche et grand réformateur, avait pour mère Marie-Thérèse. La mère de J.-J. Rousseau et celle de Buffon ont brillé toutes deux par leur esprit. La mère de Kant a été regardée comme une femme d'un bon sens exorbitant. Les qualités spirituelles supérieures de Madame Goethe sont connues. La mère de Schiller était très sensible à la poésie et faisait elle-même des vers. Burger a dit lui-même de sa mère, qu'elle serait devenue une femme célèbre, si l'on avait eu soin de cultiver son esprit. La mère de Walter-Scott était poète et fut toujours en relation avec les esprits supérieurs de son tems.

Ce qui appuie encore cette thèse, c'est que selon Esquirol, la folie — manque de memoire également qualité intellectuelle — s'hérite plus fréquemment de la mère.

Cependant la règle générale n'est pas sans exception. Des circonstances particulières peuvent y apporter des variations. Un cerveau, quoique bien organisé, exige pour qu'il se développe et montre de la force un battement de coeur énergique, et ce dernier vient du père.

Puis cette volonté vigoureuse, ce tempérament très actif, n'est à sa hauteur que dans l'âge le plus vigoureux, et le cerveau et la volonté peuvent avoir été altérés par des maladies et par des peines morales qui ont précédés l'acte de la génération.

De là resulte, que tous les enfants des mêmes parents n'auront pas toujours les mêmes qualités, et que les premiers nés seront souvent les plus doués des qualités naturelles du père et de la mère. On peut, outre cela, aussi admettre, que la disharmonie, l'inégalité et l'irrésolution, que nous apercevons fréquemment dans le caractère des individus, vient de ce que la volonté du père et l'intellect de la mère n'étaient pas suffisament en harmonie.

Nous avons dit, que les exemples tirés de l'histoire avaient l'avantage d'être plus connus; mais d'un autre côté, comme ils sont basés sur des traditions, ils sont aussi exposés à des falsifications et ont d'ailleurs plutôt rapport à la vie publique, qu'à la vie privée. Donc, pour avoir plus de certitude sur la vérité du principe établi, il faut pénétrer dans le cercle de ses parens et de ses amis. Il faut examiner ses propres penchants et ses passions, les défauts, les faiblesses et les vices de son propre caractère et comparer tout cela avec le caractère du père. Le même examen du côté de la mère montrera peu d'harmonie morale avec elle, à moins que le hasard n'ait réuni chez elle et chez son mari deux caractères égaux. Le même examen doit avoir lieu quant aux amis et aux connaissances intimes et principalement relativement à la colère, à la patience, à l'avarice, à la dissipation, à la volupté, au jeu, à la dureté du cœur, à la bonté, à l'honnêteté, à la fausseté, à l'orgueil, au courage, à la lâcheté, à la rancune etc.; mais toujours avec la restriction que le caractère du père peut subir des modifications dans le caractère du fils par l'influence de l'intellect de la mère, modifications qui peuvent être bien grandes, mais sans étouffer jamais entièrement le caractère paternel.

La comédie bien connue: du „menteur et son fils“, contient donc quelque chose de très vrai sous le rapport de la psychologie, tandis qu'il serait contre la nature de remplacer dans ce cas le père par la mère.

La loi salique, considérée sous ce point, a aussi quelque chose de bien fondée, et pour faire revivre les générations

magnifiques des tems de Periclès, Mons. Schopenhauer
propose de châtrer les coquins et d'envoyer les femmes
stupides dans les couvents.

Ainsi la volonté de l'ayeul règne dans tous ses descendants; mais elle subit des modifications par l'alliance de
différents intellects, et la volonté voyant la vie par ces différents intellects de différentes manières, peut même subir,
selon les circonstances, ou un perfectionnement, ou une
dégradation. Cependant ces métamorphoses ne peuvent être
atteintes par des alliances entre égaux, et c'est pour cela
que les mariages entre frères et soeurs etc., sont contre la
nature, parce qu'en eux la même volonté et le même intel-
lecte s'allient de nouveau ensemble.

Du Génie.

Notre conscience se manifeste de deux manières différentes, d'abord par la connaissance de nous même, c'est à dire de notre volonté, puis par la connaissance des choses hors de nous. Plus l'une de ces deux dispositions est prédominante, plus l'autre sera déprimée.

La considération des objets hors de nous devient donc d'autant plus parfaite, que nous nous oublions nous même dans ces moments, et cette faculté de nous laisser absorber entièrement par des objets extérieurs, produit une sorte de béatitude, parce que les peines de la vie qui resultent de la conscience de notre volonté deviennent par là nulles.

Cette disposition de l'intelligence à prendre complètement le dessus sur la volonté, se trouve à son plus haut degré dans le génie, mais parce que celle-ci cherche à rétablir son empire, ils resultent de cette lutte des phénomènes, qui sont bien contraires à la béatitude et qui se manifestent quelques fois par un grand serieux, qui va même jusqu'à la mélancolie. Nous observons, outre cela, par cette séparation entière de la volonté individuelle, dans le génie, une grande indifférence et négligence pour tout ce qui regarde sa personne et la vie pratique, ce que lui donne parfois un air enfantin, un air de délire et même de folie.

Le contraste, entre l'homme normal et l'homme de génie, a été parfaitement peint par Goethe dans la tragédie

„de Tasse", où Antonio représente le premier, et le Tasse le second.

L'essence du génie consiste dans la perfection et l'énergie de l'entendement intuitif et dans une imagination très riche. C'est la dernière qui conserve en nous les images de la vie, les perfectionne et les met en ordre selon l'usage que nous voulons en faire, c'est elle qui les reproduit, au gré de notre désir, et complète ainsi l'intuition.

Grâce à la richesse de ces facultés, le génie peut se détacher de tout ce qui lui est personnel, se séparer entièrement des relations, et considérer les choses d'une manière claire dans leur ensemble et dans leur totalité.

L'homme normal ne fait que regarder et examiner les choses et les faits comme isolés; les conceptions de son intelligence ne lui permettent pas de se séparer entièrement des relations de sa volonté, d'où vient que toutes ses impressions sont aussi plus ou moins sous l'influence de son individualité.

Les instruments et les choses, par exemple, qui font souffrir en général, comme un échafaud, une forteresse, une boîte d'instruments de chirurgie, la voiture de voyage d'une amante, lui causent des peines; tandis qu' une vieille femme, laide, sale et bossue qui lui apporte des billets doux, une echelle de corde, malpropre, mais favorable à l'accomplissement de son désir, le met dans une heureuse disposition.

Notre partialité va même, sous ce rapport, jusqu'aux astres, et nous ne sommes pas aussi également bien disposé pour le soleil, que pour la lune; car le premier nous éblouit quelquefois, ou nous gêne par ce qu'il cause, ou trop, ou trop peu de chaleur, tandis que la lune se dérobe presque entièrement à l'influence de notre volonté et ne se présente que comme un pur objet de notre contemplation.

De la démence.

Elle se manifeste lorsque le fil des souvenirs — souvenirs plus ou moins abondants et clairs — est coupé. La mémoire d'un homme d'esprit sain est une garantie pour la vérité d'un fait auquel il a assisté. Ce qu'il dépose et affirme par serment devant un tribunal, passe pour un témoignage irréprochable, tandis que le moindre soupçon de frénésie rend ce témoignage nul. Voilà le critérium entre un esprit sain ou malade.

La frénésie a sa racine dans ce que nous n'aimons pas à penser à des choses qui blessent vivement nos intérêts, notre orgueil, ou nos désirs; tandis que nous avons une prédilection très prononcée pour tout ce qui nous est agréable et nous flatte et où ni dans l'un, ni dans l'autre cas, l'intelligence n'a assez d'empire sur nous, pour nous montrer la chose désagréable ou agréable dans son véritable jour, et parfois aussi dans son entière nullité. Les impressions gagnent de cette manière un caractère permanent, en écartant tout, ce qui n'est pas en cohérence avec elles, et les idées, qu'elles produisent, deviennent enfin fixes. C'est pour cette raison que nous voyons aussi quelquefois éclater la frénésie par des événements terribles et inattendus. L'impression en est si forte, qu'elle ne nous

4

quitte plus, et qu'elle paralyse le reste de notre mémoire ou entièrement, ou en partie.

On reproche au génie de ressembler quelquefois à un frénétique; mais nous avons dit, que la frénésie, sans parler des causes corporelles, se produit par la faiblesse de l'intelligence, tandis que le génie se marque justement par le contraire.

Donc, une trop faible et une trop forte intelligence, montre presque le même phénomène. Quelque paradoxal que cela puisse paraître, il y a là dedans pourtant du vrai. Dans les deux êtres l'harmonie entre la volonté et l'intelligence est troublée; l'un ne reconnait pas les relations des choses par la faiblesse de l'esprit, et l'autre les oublie ou les ignore en s'abîmant par la prépondérance de l'intelligence trop dans l'intuition.

On distingue dans la démence: la mélancolie, la folie et la rage. La mélancolie se manifeste par une idée fixe et triste qui ne cesse de tourmenter l'individu.

La folie se montre par des idées incohérentes, fausses, changeantes et sans la moindre relation réelle et personnelle avec celles du monde.

Dans la rage l'homme est entièrement privé de l'influence de la raison; la réflexion est complètement en suspens, mais l'entendement intuitif existe. La volonté se montre dans cet état comme une force brutale, et aveugle, qui essaye de détruire tout ce qui se trouve sur son chemin ou en opposition avec ses désirs.

Quand l'accès est passé, la raison reprend son empire et fonctionne régulièrement; car elle n'a pas été altérée dans son essence, elle a été seulement privée pour un certain tems de son influence.

On a du reste discuté bien long tems sur le phénomène de cette sorte de démence, et on n'est pas encore parvenu à l'expliquer d'une manière nette et parfaite.

Fin.

Im Verlage von Eduard Zernin in Darmstadt & Leipzig
erschien im Jahr 1863:

L'esprit

de la

Philosophie de Schopenhauer

par

G. de Spiegel.

8, broch. Preis 9 Sgr.

Druck von Victor Gross in Darmstadt.

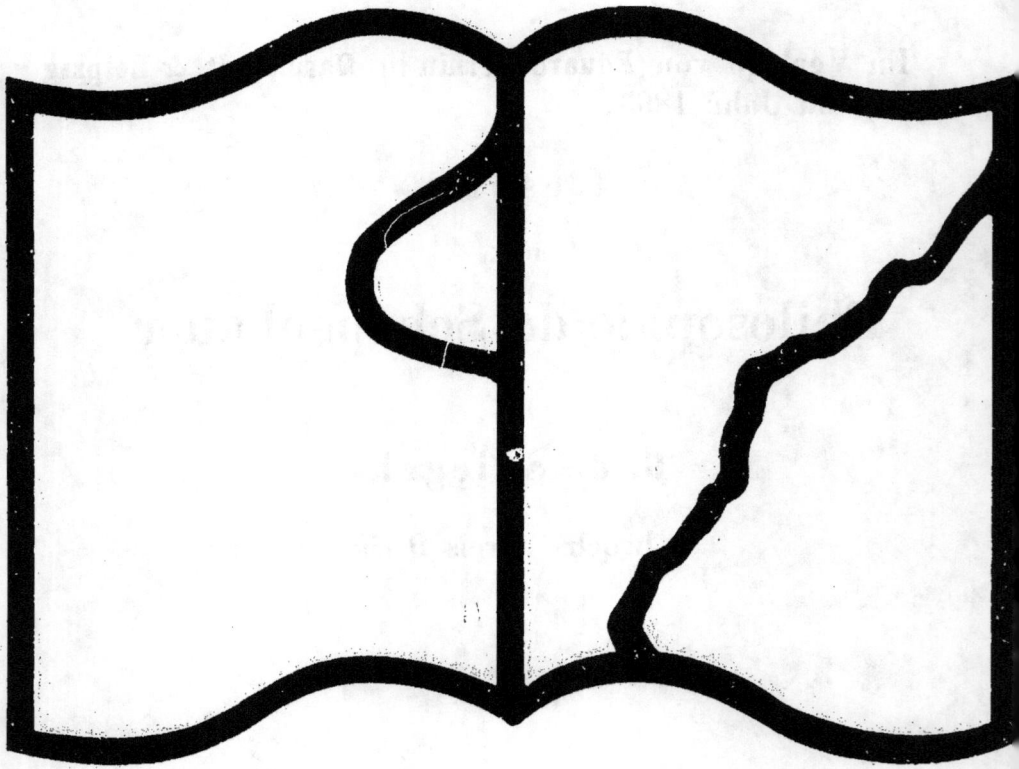

Texte détérioré — reliure défectueuse

NF Z 43-120-11

www.ingramcontent.com/pod-product-compliance
Lightning Source LLC
LaVergne TN
LVHW022153080426
835511LV00008B/1379